Être épuisée de délice,
crier que tu as soif de lui,
vous embrasser entre
deux raisons de jouir et
puis, après, s'endormir
dans ses bras qui te
serrent toujours, avec un
degré plus faible de
plaisir mais réhaussés
d'amour.

J'ai perdu ma dignité.

Je me suis agenouillée sous tes
pieds, pleurant comme une
gamine parce que j'avais
besoin d'être aimée. Il te
suffisait pourtant de me
prendre dans tes bras, mais au
lieu de ça, tu as fait volte-face
et j'ai compris en quelques
secondes que toutes ces années
ensemble n'avaient servi à rien,
que tu n'étais qu'un

mari inaperçu.

Elle avait le sentiment d'être marquée par des plaies invisibles, blessures infligées par l'homme dont elle guettait des preuves d'amour et qui n'offrait rien que des doutes. Quand il s'éloignait, elle se rendait bien compte qu'elle ne tenait plus debout avec cette forme de vertige dans le corps qui provoque le long glissement vers la tristesse, ce bout du monde où on n'a plus envie de rien, où les bras autrefois tendus se ferment, fatiguées d'avoir tant attendues.

Prouve-toi que tu t'aimes.

Ça doit être ta seule conquête.

Tu crois sans doute que tu ne rencontreras plus personne parce que t'as vieillie, parce que t'as des enfants, parce que ta vie ne t'a pas épargnée, parce que t'as frôlé des grands amours sans les toucher, parce que t'as vécu des histoires passées qui t'ont complètement bousillée et parce que tu crois tout ça, tu t'empêches de trembler dans les bras d'un type qui pourrait te protéger, de toutes ses forces, contre tous ces "parce que".

Il n'y a aucune valeur
à offrir son amour à
tout un tas de gens
quand un seul être
suffit pour épanouir
son coeur et rendre
grâce au monde.

Tu es séparée. Tu avais rêvé, dans ta jeunesse, d'un amour qui aurait su se préserver du temps, mais si l'on choisit son conjoint, on ne prend pas toujours celui qu'il nous faudrait. Les débuts sont toujours prometteurs et puis la vie de couple s'est installée et avec elle le lent naufrage du bâtiment. Cet effondrement, tu voudrais le dire à présent à toutes celles et ceux qui se posent des questions, ne survient pas en un éclair, mais s'immisce comme une **moisissure tenace sur les murs.**

Le désir d'avoir est
plus fort que la
jouissance de
posséder car dès
qu'on tient quelque
chose entre ses
mains, la soif de le
garder s'affaiblit.

La solitude est un abreuvoir de larmes.

Ce n'est pas ton mari, une autre femme l'aime, partage ses nuits et peut-être même, quand tu penses à lui, est-il en train de border et choyer ses enfants. Cet homme dont tu ne porteras sans doute jamais le nom, que tu ne vois et ne touche que quelques heures, certains jours, cet amant dont tu n'as pas choisi l'alliance, qui te jure qu'il sera bientôt libre, qu'il fera tout pour te revenir, cet homme tu l'aimes et le hais à la fois. Tu te dégoûtes aussi de priver sa famille de l'affection qu'il t'offre en catimini et lorsque tu t'interroges si c'est lui ou toi le pire des deux, si vous ne devriez pas arrêter ce cirque qui ne mènera à rien de tangible, tu te lamentes sur les années gâchées où tu aurais pu trouver quelqu'un de libre et de bien.

Il faut oublier
certaines histoires
sans quoi on garde
dans ses bagages
des malles pleines
de peines.

On mène souvent non pas sa
propre vie mais celle que les
autres ont choisie. Croire
qu'on est libre relève de la
connerie : on appartient
toujours à celui qui tient
les rênes et ces courroies
fixées dans notre gueule
dirigent nos galops ou nos
marches au trot.

Tellement de gens se détournent avant même d'apprendre à s'aimer. On se néglige, on n'insiste pas parce qu'au temps des réseaux sociaux, les hommes et les femmes virevoltent et les liens ne tiennent pas. On swipe à droite, à gauche, on commence une histoire qui reste à l'état embryonnaire et on avorte parce que la norme de nos jours c'est l'interruption volontaire de grossesse d'amour.

J'ai frôlé l'amour
comme on
frôle une main
qui veut vous
secourir mais
qui ne retient
rien.

Les gens d'autrefois écrivaient leurs mots d'amour en toutes lettres, car ils savaient le poids des mots. L'indolence des abréviations d'aujourd'hui montre bien que l'amour ne sera animé que d'un élan bref, pour aimer vite fait.

ON NE GAGNE PAS A AIMER QUELQU'UN QUI NE REND PAS CE QUE NOTRE COEUR DONNE.

J'aimerais qu'on me
dise rien qu'une fois :
Je veux le reste
de ta vie

Tu cherches quelqu'un qui te fait sourire, un partenaire qui, au moment de se lever, te regarde tendrement en posant ses lèvres sur les tiennes, un mec qui te soutient quand tu tombes à terre, qui te pardonne lorsque tu faillis, qui te fais sentir moins seule et minable et dont le coeur, tous les jours, t'étonne parce qu'il ne joue pas avec l'amour comme certains pratiquent la comédie.

**Il y a des gens qui mettent
les amours en pièces comme s'ils
désassemblaient un rouage sans plan
pour les reconstruire.**

Un jour viendra où
ton écorce tombera
et tu donneras à voir
ce que tu as d'amour
en toi.

Je suis triste parfois de n'être pas entendue ni vue par l'homme que j'aime en silence. Il faudrait que mon coeur, une seule fois, crie au lieu de battre, qu'il écarte mes côtes et sorte de ma poitrine pour dire combien je l'aime cet espèce de sourd et d'aveugle.

Les nuits d'orage,
quand tu es triste,
tu penses à lui et
cette pensée, rien
que cette pensée, au
lieu de tarir tes
larmes, les provoque
et te donne l'envie
de pleurer dans un
crachin d'amour.

Ce qui est vouée à
l'échec ce n'est
pas   l'espérance,
mais sa
durée.

Ton cœur se
vide à croire
que quelqu'un
a bu, comme
un **soiffard**,
tout son
contenu.

Imiter une femme heureuse, c'est un rôle qui me va à ravir.

Si tu m'aimes
autant que tu le
dis, je veux que ton
cœur s'enflamme
en entendant aussi
sa déflagration.

Pansement

Je pardonne ton départ, ta façon cruelle de
ne rien dire en claquant la porte sans un
dernier regard. Je te pardonne ce texto pour
m'avouer trop tard que tu n'es pas un mec
pour moi. La belle affaire après tant d'années
à prétendre le contraire. Je te pardonne
même d'avoir refait ta vie en un tour de
mains comme si notre histoire n'était qu'une
courte parenthèse dont tu désirais la fin. Je
vais te le dire tout net : je te pardonne tout,
non parce que tu n'es pas coupable, car bien
sûr tu es un foutu lâche, mais parce que je
refuse de mijoter dans les larmes et les
regrets et que je préfère réserver mes larmes
aux rires avec celui qui me fera rêver.

Tu as le droit de te plaindre, de considérer que tout ce qui t'es arrivé n'est pas juste, que tu désirais seulement une main tendue devant tous ces poings serrés, mais tu es plus forte aujourd'hui à cause de ces cœurs endurcis.

Pansement

Un jour, je partirai. Quoi que tu dises
ou fasses, un jour, je m'en irai et
quand ce matin ou cette nuit arrivera,
tu pourras tenter de me retenir, je ne
me retournerai pas. Je garderai les
mains croisées en te fixant du regard
comme un homme de rien. Un jour, je
ne t'aimerai plus. Quoi que tu dises ou
fasses, un jour, mon cœur ne battra
plus et quand ce temps tant attendu
arrivera tu pourras chialer, me
montrer du doigt en me jugeant
bonne à rien loin de toi, je resterai
debout, fière et campée sur ma
décision, sans cette *béquille* que tu
étais et que tu as fabriqué pour me
faire croire que j'aurai une triste vie,
déséquilibrée, sans toi.

Ta plus belle histoire d'amour
vient de finir et tu te
demandes combien de temps
faudra patienter pour que ta
rage et ta douleur s'éteignent.
Personne ne peut le dire, mais
un jour, un soir, ce séisme
s'effacera pour ne laisser qu'un
tremblement dans ton
souvenir.

Pansement

Avec toi, je n'ai connu
l'amour qu'à moitié. Cela me
fut tout de même profitable
grâce à la partie intacte et
indemne qui me donna la force
de cesser le combat.

J'ai oublié plein de choses,
volontairement le plus souvent parce
qu'elles me faisaient mal ou au
contraire, parce qu'elles me renvoyaient
à des moments de bonheur perdus. On
m'a dit, pour aller mieux, de tourner
la page, de zapper, d'avancer, alors
lorsque je me souviens de ces instants ou
de ces visages, je ris ou je pleure mais
toujours dans la retenue, craignant de
m'égarer ou de retomber.

C'est magnifique l'amour.
Attendre quelqu'un qui va
venir, l'embrasser, lui
sourire pour une futilité,
vieillir sous des yeux
toujours tentés, vivre
ensemble en connaissant par
cœur ses habitudes et puis, la
nuit, respirer près de sa
bouche comme si l'autre
pouvait nous donner vie.
C'est ça l'amour.

Peut-être que j'étais faite pour souffrir, que c'était tatoué sur mon visage l'ordre de me violenter, de me faire du mal, mais je ne me laisserai plus faire. Je suis devenue forte. Tes mots et tes gestes sont une histoire ancienne, comme toi.

Combien je tiens à toi ? Je n'ai pas de vocabulaires suffisants, d'étreintes assez fortes, de cœur assez gros et de vie suffisamment longue pour te dire ce que je ressens, alors les seuls mots qui me viennent sont « Je t'aime tant », des mots dérisoires je sais mais des mots d'amour intense quand même

Ill y a des inconnus qui vous offrent des sifflements dans la rue. Ce sont des **mufles** qui se croient le dessus du panier. Ils feraient mieux d'offrir des **mufliers**.

avec le Temps

TU AS LE CŒUR GROUILLANT ET DÉBORDANT
MAIS ENCERCLÉ DE CHAÎNES COMME DANS UN
CACHOT À CAUSE D'UN HOMME QUI T'A
BLESSÉ. TU RESTES SUR TES GARDES ET N'AS
PLUS CONFIANCE. MAIS NE T'INQUIÈTE PAS.
UN JOUR VIENDRA OÙ TU TE SENTIRAS
LIBÉRÉE. CAR DANS LA DURÉE. SOIS-EN
CERTAINE. LA ROUILLE FRAGILISE LA
FERRAILLE DES BARREAUX.

Les gens
condamnent ce
qu'ils seraient
bien en peine de
vivre eux-mêmes,
facilement.

j'écris comme une enfant
qui ne connaît pas les
majuscules ni les points
qui débute sa vie sans règle
et ne connaît que l'amour
qu'elle sent dans les yeux
de ses parents

PARCE QUE LE
BONHEUR PREND
TOUTES LES
DIRECTIONS OPPOSÉES
DE MA VIE, JE ROULE À
CONTRE-SENS

JE ME COUCHE TÔT POUR
RÊVER D'UNE AUTRE VIE.
J'AIME DIRE QUE J'AI
RENDEZ-VOUS AVEC MA
4ÈME DIMENSION, CELLE
QUI ME VERRA MARIÉE,
DANS LES BRAS D'UN
HOMME AU LIEU DE CEUX
DE MORPHÉE.

Pansement

Tu es une femme différente, tu n'as pas mené la
même existence que les autres qui ont enfanté,
et se sont mariés. Tu vis seule depuis longtemps
par choix, paresse ou déconvenues. Tu as
touché le fond, c'est vrai, puis rebondi,
devenant plus forte à chaque remontée. Tu
connais tes limites et elles ont été souvent
testées par ceux qui ont partagé ta vie.

Ce n'est plus un fardeau, ça ne doit plus l'être,
car ça fait de toi un être à part qui craque
parfois mais explose de joie, souvent.

L'âme des morts est une luciole qui étoile le deuil.

Je me souviens très bien de ta
langue. Son goût et le son de ses
mots. J'ai aimé tout ce qui
sortait de ta bouche jusqu'à ce
qu'elle conclut que c'était fini.

Pansement

```
            J'aimerai
  qu'il me dise qu'il m'aime
        pas avec ses mots
         mais les miens
    honnêtes et véritables
   alors je serai certaine
     de nos amours égaux
```

Souvent je suis partie avant
qu'ils ne partent, mais les
hommes de ma vie ne savaient
pas courir derrière moi.

Pansement

On perd parfois des gens
juste devant soi, après un
regard.

Vous les observez de près
un jour et puis, tout d'un
coup, au moment suivant,
le visage et le corps dont
vous aviez l'habitude se
volatilisent.

La personne est encore
devant vous, elle respire,
son cœur et sa vie
continuent, mais votre
connaissance d'elle a
disparu.

47

On fait ses bagages
plusieurs fois dans
l'existence pour
partir ou revenir, mais
rarement pour rester.

Pansement

5 Il t'a envoyé un SMS pour te dire que c'était fini. Quelques mots à peine. Tu as compté 50 mots pour mettre fin à une histoire débutée il y a des années, 50 mots pour résumer un fiasco.

Pour résumer sa lâcheté, pour résumer tous ses efforts en omettant ce qu'il a oublié de faire pour que ça aille mieux. 50 mots c'est peu, mais c'est assez quand même, en vérité, pour évaluer la considération que cet homme donnait à votre relation. **0**

Pansement

Avant tu te trouvais belle.
Jusqu'à peu de temps, tu ne
voyais pas les ravages du
temps s'en prendre à toi. Et
puis, un matin, un jour comme
tant d'autres, tu n'avais plus
cet air du tout.

Je sais que ce n'est pas dans la nature des choses, mais il faudrait qu'on meure tous, le plus tard possible quand même, dans les bras de ceux qu'on aime ou dans lesquels nous sommes nés.

Tu as repris avec ton ex.
Bien sûr, tout le monde
t'en a dissuadé : on ne
parcourt pas deux fois un
chemin accidenté. Ceux
qui te disent ça, sont les
mêmes qui vivent
heureux en couple, qui ne
savent pas ou ne savent
plus le chagrin que
provoque la perte. On ne
voit plus les belles choses
quand on les a à portée
de bras. Il y a les hommes
et les femmes qui vivent
dans les régions du Sud,
qui ne font plus attention
au beau temps et il y a
ceux et celles comme toi,
plus au nord qui sourient
et sont aux anges quand
ils trouvent un brin de
soleil quelque part.

GENS DU NORD

Pansement

faux AMIS

QUI EST LE PLUS HEUREUX,
TOI OU MOI ? DEPUIS QU'ON
S'EST QUITTÉ, JE PENSE À
MON BONHEUR ET AU TIEN,
À CES DEUX FAUX AMIS,
FAUX INSÉPARABLES.

JE ME DEMANDE SI TU AIMES
AUTANT QU'AVANT. SANS
DOUTE LE FAIS-TU
DIFFÉREMMENT AVEC
MOINS D'ERREURS ET MOINS
DE FAILLES. C'EST
L'AVANTAGE DE S'ÊTRE
EXERCÉ ET D'AVOIR ÉCHOUÉ
À MES CÔTÉS.

Pansement

Tu n'es pas son objet. Peut-être qu'il
croit le contraire. Il a joué avec toi
comme on joue avec une poupée
qu'on délaisse et qu'on récupère après
s'être ennuyé d'une autre. Tu ignores
si l'amour dénature ou montre ce que
l'on est réellement. Sans doute es-tu
forte et faible en même temps, que tu
as en toi la dualité d'une femme qui
combat, mais qui ne veut pas être
blessée. Il y a des moments où tu te
protèges et des moments où tu t'offres.
C'est peut-être ça l'amour : porter puis
laisser fendre son armure.

Dans la vie de couple tu ne cherches pas la liberté mais l'emprise

L'amour est dangereux,
il y a mille
promesses
déchirées
dedans.

Pansement

Il a bafoué ta confiance comme on crache au visage d'un ennemi. Devant toi, sans ciller, il affirmait sortir chez des amis, avoir des rendez-vous professionnels alors que dans l'intimité, c'était pour s'empaler dans des filles qui, comme toi, pensaient être les officielles. Tu n'as rien vu de ses manèges, parce que tu l'aimais et qu'il t'offrait ses boniments. Peut-être que tu aurais dû l'espionner, le suivre, l'interroger, regarder son smartphone qui restait sans arrêt verrouillé, mais tu n'as rien fait de tout ça. Les riches ont toujours besoin d'être plus riches, mais toi, tu ne voulais pas être plus heureuse, tu l'étais bien assez comme ça. Alors, tu as été conne, aveugle, c'est bien ça ?

Mais non, tu as juste été tranquille et amoureuse. En temps de paix, les armes sont rangées. Tu ne lui en veux pour ça : d'avoir engendré la guerre dans un endroit peinard. C'est comme si tout ce que vous aviez bâti s'était effondré. Il ne reste rien de votre amour, juste le souvenir que quelque chose a existé, que quelque chose t'a fait trembler. Tu te souviens seulement qu'il avait une gueule d'ange qui portait en elle un cœur de calamité.

Un de perdu et dix de retrouvés.
Quelle connerie ! Ce n'est vrai que
pour les hommes qui ont tôt fait
de nous remplacer, qui mettent
quelques semaines, quelques mois à
peine pour se remettre à flot, à
croire qu'ils ont de la générosité
pour deux. Mais toi, t'as le cœur
d'une limace qui prend son temps
pour aimer et pour oublier.

Tu as laissé son numéro sonner
plusieurs fois, alternant, en
équilibre sur toi-même, entre
l'envie de répondre et de
laisser courir. Ton cœur,
décidément, est à géométrie
variable : un coup il bat et un
coup, il se paralyse. On dirait
que dans ta poitrine survit
un pyromane qui combat
un incendie.

Cherche pas ta
boussole dans
le coeur d'un
naufragé.

Le passé, c'est un livre fermé, le présent, l'instant à écrire.

Je suis vacciné
contre les mecs à la
quête d'un coeur
pour les soigner.

Dans la rue, les sourires sont
des masques, les regards des
balles perdues.

Pansement

ON A DES
HAUTS, ON A
DES BAS, MAIS
NOTRE AMOUR
RESTE EN
PLACE.

Pansement

Tu choisis toujours quelqu'un qui
t'abandonne comme si ton cœur élisait des
âmes éphémères pour faire un petit bout de
chemin ensemble.

A chaque fois, les bras qui t'entourent,
finalement, n'étreignent plus que du vide.

Est-ce qu'ils le sentent que ça mal finir, que
le vent va tourner ?

Les hommes ne font que s'en aller.

Malgré tout, tu recommences comme si tu
cherchais à revivre encore et encore ta
douleur, à te prouver que tu es digne d'être
aimée, même si c'est par quelqu'un qui ne sait
pas ou ne veut pas le faire.

T'AS LA RAGE
AU VENTRE
DE PORTER UN
ENFANT

j'insulte au lit

PARCE QUE JE CONSIDÈRE QU'ON NE FAIT PAS

l'amour poliment

Quand on aime quelqu'un on ne
s'attend pas à ce qu'il nous fasse du
mal et lorsque survient le pire, c'est
tout un monde, un tas de rêves qui
s'effondrent.

Y a des soirs où tu regrettes d'avoir
croisé son chemin et puis, la
seconde d'après, constatant que
c'est bel et bien fini, tu tends
fébrilement la main sur le téléphone
pour appeler celui qui t'a tué.

C'est plus fort que toi, car malgré
ses bienfaits ou ses torts, tu as son
souvenir chevillé au corps, Alors, tu
hésites entre te taire ou parler
rester digne ou te faire achever.

Dire "Je t'aime" ?
oui, mais les gestes
tendres valent mieux
que le bruit

Te perdre dans les yeux d'un
être aimé, sentir le battement
d'un cœur qui te fait confiance.

Donner naissance à des enfants,
vivre en paix sans te battre.

Et vieillir doucement dans la
tranquillité d'un été, main
dans sa main en vous disant
que vous avez bien fait de vous
rencontrer en ayant pour seul
dessein que de s'aimer.

Si on m'épousait, ma première réaction serait de demander

pour combien de temps ?

Connaître quelqu'un entièrement implique de lui faire l'amour. C'est seulement pénétrant ou pénétré qu'on comprend l'immensité cachée.

Il y a dans
chaque
amour vécu

un *grain de*
solitude

qui germe dans
sa patience

« *Tout peut s'oublier* » *chantait* Brel.

Si la chanson est belle, c'est un énorme mensonge.

On n'oublie rien, non !

Les souvenirs végètent quelque part dans notre cervelle et il suffit parfois d'une étincelle pour faire jaillir ce qui, la minute d'avant, nous laissait tranquille et semblait éteint.

Après, il faut revivre un peu ou beaucoup sous ces vestiges du passé avec lesquels on triche en croyant qu'on les domine **alors qu'ils nous serrent entre leurs mains.**

Les gens ne s'envoient en l'air jamais très haut par peur des

retombées

Une séparation, c'est un peu
comme ces séismes qui
fracturent la terre.

Il y en a quelques-uns de
faible magnitude qui ne
laisseront rien percevoir de
leur passage et d'autres,
plus nombreux, qui
briseront la roche.

Alors que faire face aux
secousses, sinon s'accrocher
et attendre que ça passe en
espérant qu'il reste des
choses de notre vie
encore debout, après.

il faudrait dire à nos
enfants qu'on aime ce
qu'ils vont devenir au lieu
de les façonner comme
nous sommes, dans nos
façons ratées.

Tu crois que tu n'es plus grand-chose sans lui mais bon sang regardes-toi en face et découvres l'ampleur que tu ne voyais pas chez toi.

Il y a ceux qu'on
aime pour toujours
et d'autres qu'on
aimera seulement
pour un temps,
car l'amour
**s'éternise
ou s'éteint.**

Tu ne sais pas si tu dois lui répondre.

Quand son numéro s'affiche, quand un
de ses messages survient, tu
tergiverses entre le bonheur de voir
qu'il pense toujours à toi et la crainte
de retomber dans ses filets.

Il te dit « Je t'aime »,
« Excuse-moi » mais ce sont des
paroles entendues mille fois et
qui n'ont plus de poids.

Il y a des femmes

Il y a des hommes

Il y a des lits

Et des cochonneries

Pansement

Hier, vous vous disiez des « Je t'aime » et des « Pour toujours » et tu croyais fermement que ça durerait.

Tu ignorais qu'il prévoyait déjà de te remplacer, qu'il couchait avec une autre sur laquelle il répandait ces mêmes mots gluants d'amour et de fausseté.

Attention, tu ne lui en voudras jamais d'en avoir aimé une autre, ça arrive tout le temps ces choses-là, tu n'y peux rien et lui non plus, la faute au hasard comme on dit, mais il a joué avec tes sentiments comme si tu étais une résistante qui ne pliais jamais.

Tu n'es pas la femme forte qu'il croyait ou bien si tu l'étais avant, elle s'est tirée.

Maintenant, il faut que tu redeviennes toi-même, que tu ramasses et répares cette moitié piétinée qui respire encore et ne demande qu'à se relever.

Il est parti et a refait sa vie en un éclair. Tu n'as pas vu le coup partir car y a des gens dans la vie qui quittent les autres **comme des tireurs embusqués qui flingueraient quelqu'un avec un silencieux.**

Tu pardonnes son départ. Tu ne lui en veux pas
même pas d'être parti sans un regard. Tu as
souffert, bien entendu, de ses mensonges brandis
pour te faire croire qu'il serait toujours là, que
l'infidélité n'était réservée qu'aux femmes du
passé. Tu as été conne, amoureuse, aveugle,
te sacrifiant dans votre histoire,
pour rien, pour que dalle.

Tu pardonnes son départ, car ce n'est pas sa
fuite qui t'a fait le plus mal. Ce n'est pas non
plus d'avoir été trompé, car les femmes bafouées
sont nombreuses aujourd'hui :
c'est l'étendard des mecs comme lui.

Tu t'en veux simplement d'avoir gâché un temps
précieux près d'un type qui n'en valait pas la
peine, qui n'avait décidément rien à te donner
de durable, de tangible, qui ramenait sa poire,
sa gueule de beau mec après avoir trempé son
machin dans d'autres plumards.

Tu pardonnes son départ car il n'est plus rien
pour toi, il n'existe plus, hormis ce goût dans
l'estomac qui fait vomir et qui te dissuade
d'avaler d'autres bobards.

Tu penses que tu ne referas jamais plus
ta vie, que ta chance est passée, parce
que t'as merdé, parce que t'as rencontré
la mauvaise personne au pire moment.
T'es rongé par la solitude, par le doute et
résultat des courses, tu te morfonds chez
toi en regardant le temps qui glisse sans
personne pour t'aimer. Mais tu crois que
les choses vont venir par magie ? Qu'un
beau matin un mec, une nana va venir te
guérir ? Je ne te connais pas, je ne te juge
pas, et je sais que c'est facile de dire ça,
mais réagis, **arrêtes de te dérober
et va retrouver ta vie !**

Tu ne cesses d'entendre ses adieux proférés à la hâte, d'attendre qu'il franchisse le pas de ta porte pour te serrer comme avant en s'excusant bien bas, tu ne cesses de chialer, de l'aimer et le haïr en même temps, tu ne cesses de te raconter la sotte histoire qu'il reviendra ou d'imaginer une autre femme dans ses bras, tu ne cesses de croire peut-être qu'il finira par ouvrir les yeux après avoir fait le tour de cette nana qui ne lui convient pas puisque c'est toi qui est faite pour lui, t'en es certaine, tu ne cesses de trembler à l'idée qu'il tirera une croix, que c'est bel et bien terminé entre vous, que les dés sont jetés, tu ne cesses de regarder cent fois au-dessus de ton épaule pour voir s'il ne se cache pas quelque part, pour te faire la surprise et t'embrasser à l'endroit même où votre histoire s'est arrêtée, sous son choix délibéré.

Tu ne cesses, mais dans combien de temps cesseras-tu de te tromper sur lui.

Les gens affirment qu'on guérit de
la dépression, mais personne te dit
combien de temps ça dure l'envie de
mourir. Moi, j'ai compté les heures,
les jours, les semaines et les mois en
désespérant qu'arrive l'heure de
revenir à moi. Puis, un matin, en me
levant, j'ai deviné un changement,
lent mais sûr. Le temps, ce pote
silencieux, venait de me tendre la
main pour me redonner ma liberté.

IL T'A APPELÉ HIER SOIR COMME TOUS LES
JOURS DEPUIS SON ÉNIÈME DÉPART ET SA
ÉNIÈME TENTATIVE DE RECOLLER LES
MORCEAUX.

TU AS LAISSÉ LE TÉLÉPHONE VIBRER SUR LA
COMMODE, SANS UN MOT NI UN GESTE.

BORDEL, C'EST ÇA LA GUÉRISON ; LAISSER
COULER ET NE RIEN RESSENTIR À PART
L'ENVIE D'ÉCLATER DE RIRE.

TU N'ES PAS MAQUILLÉE, TU ES EN TENUE
LÉGÈRE, DÉCOIFFÉE, DÉBRAILLÉE, TOUT CE
QU'IL VEUT OU PLUTÔT, À VRAI DIRE, TOUT CE
QU'IL NE VOULAIT PAS, TOUT CE QU'IL TE
REPROCHAIT AU TEMPS DE VOTRE HISTOIRE,
MANGEANT N'IMPORTE QUOI, À N'IMPORTE
QUELLE HEURE, MAIS TU TE SENS SI RADIEUSE
PENDANT QU'IL TÉLÉPHONE
ET PENDANT QUE TU T'EN FOUS.

Tu veux un mari, un amant, un confident, un ami, une épaule sur laquelle t'appuyer, une oreille attentive qui pourra t'écouter te plaindre, jouir, rire ou gueuler, un cou sur lequel, parfois, tu pleureras mais aussi pour t'y blottir et te sentir protégée, des yeux qui jamais ne te jugeront pour ce que tu fais ou t'abstiens, des lèvres souriantes et ravies de te retrouver au réveil comme à la nuit tombée, un corps gros, musclé, maigre, mince, qu'importe en vérité pourvu qu'il tremble de désir à tes côtés et puis surtout, enfin, un cœur battant d'aller chaque jour plus loin ensemble pour construire quelque chose de bien dans la modestie ou le grandiose.

C'est le rêve que tu veux exaucer.

Est-ce le sien, aussi ?

Pansement

Tous les matins, tu observes le coin vide du lit,
sans sueur et sans pli.

Les draps tirés en percale de coton ont la bonne forme faisant
imaginer que personne n'a jamais dormi près de toi.

Depuis lui, plus personne n'a dormi ici.

Parfois, dans l'insomnie, calant l'oreiller entre tes cuisses, tu as
l'impression d'avoir un corps entre tes bras,
un corps qui cherche ta chaleur.

Ce lit immense te rend folle à lier.

On dirait qu'il juge ta solitude, qu'il la condamne.
Il n'a pas oublié les passions que vous viviez sous ses draps.

Tu détestes les dimensions de ce lit qui te rappellent que toute
seule tu n'es pas assez, plus très entière sans un homme, qu'il faut
dormir désormais les bras tendus vers l'autre côté au lieu de les
garder **recroquevillés sur toi**.

**FAUDRAIT
ÊTRE
ENGOURDI
LE DERNIER
JOUR D'UN
AMOUR
POUR NE PAS
RESSENTIR
LES COUPS.**

Il ne peut pas y avoir d'amour sans respect.

C'est comme si ton mec te serrait dans ses bras, une rose offerte dans la main et un poignard dans l'autre pour te blesser.

Il ne peut pas te dire « Je t'aime » avec une arme blanche.

Il n'y a rien de plus grave que de morfler des mains ou de la bouche de celui en qui l'on croyait.

Je ne dis pas que l'amour est inoffensif, bien sûr que non.

On y gagne, on y perd, on s'y guérit et l'on s'y blesse, mais il ne doit pas souiller ton âme.

Il est le seul homme qui bande en toi, érigé

contre tes
blessures.

Tu n'es pas née complète.

Tu as des manques émotionnels que tu combles avec des hommes aussi boiteux que toi.

C'est inévitable.
Quoi que tu fasses, tu attires toujours les mêmes phénomènes.

Tu es magnétique avec un aimant à problème.

Mais puisque tu nous dis que tu veux absolument construire un puzzle à deux, tu couches souvent le premier soir et ce n'est qu'après, devant vos corps silencieux, devant vos solitudes mutuelles, que tu te rends compte que les pièces,
vos 2 cœurs ne s'imbriqueront jamais.

Je ne suis pas une fille facile, c'est juste que mon cerveau active mon système de récompense lorsque je plais.

La solitude, ce désert sans sable qui vit en ville. Je frôle parfois des gens dans la rue dont je sais qu'ils souffrent seuls, dont la peau, à force d'être maltraitée et pour se protéger, est devenue écorce. Ils ne parlent et ne regardent personne. On dirait des fantômes, des gens dépeuplés d'eux-mêmes. Le soir venu, ils rentrent chez eux, s'enferment à double tour et dans cet appartement sans photo, sans souvenir, sans personne à y voir ni aimer, ils matent des contes de fée à la télé en se demandant ce qu'ils ont bien pu faire pour n'avoir, au bout du compte, rien reçu et rien donné.

Tu te méfies de la passion, ce battement
éphémère qui ne dure que le temps de nuits
sans sommeil.
**Les frissons du début laisseront vite la place
à la tiédeur de la fin.**

Beaucoup d'hommes t'ont juré des choses qu'ils n'ont pas tenues. Ils faisaient passer des ficelles pour des cordes.

Rien n'a jamais résisté longtemps chez eux et en premier, leur fidélité, ce talon d'Achille sous le nombril.

Strabisme sentimental.

« Tu es la seule qui compte à mes yeux » disaient-ils.
Oui, mais des yeux qui louchent.
Mais tout revient un jour à l'envoyeur, tout se sait.

Les mecs enterrent facilement leur promesse sans savoir que le poids de leur serment est si léger que les mensonges, comme les larves, un jour, remonteront et grouilleront à la surface.

chaque infidélité m'a donné à
vivre une forme de mort
imminente avec la vision
complète de mon existence, la
chute de deux corps et la vision
d'une lumière qui éclairait
l'imposture.

LES HOMMES QUE TU AS CONNUS NE
SONT JAMAIS PARTIS D'EUX-MÊMES.

IL FALLAIT POURTANT QU'ILS FASSENT
UN CHOIX ; COMMETTRE LE MAL OU LE
BIEN, RESTER OU PARTIR, C'ÉTAIT LA
MOINDRE DES CHOSES QUE TU
ATTENDAIS D'EUX.

MAIS C'EST TOUJOURS TOI QUI T'ES
CHARGÉE DE LA SALE BESOGNE COMME
SI TU DEVAIS AVOIR LA RESPONSABILITÉ
DE LEUR CHOIX, DE LEUR
TÂTONNEMENT.

LA MORT D'UN COUPLE EST UNE DATE
DIFFICILE.

TU PORTES EN TOI DES ANNIVERSAIRES
QUE TU N'AURAIS PAS DÛ CHOISIR.

Pansement

TU AS UN PANSEMENT SUR LE
VISAGE, LE CORPS, LA CERVELLE,
LE SEXE ET LE CŒUR, UN
PANSEMENT ÉNORME D'OÙ
SUINTENT QUAND MÊME DES
BLESSURES, JEUNES OU VIEILLES
BLESSURES QUI DÉMANGENT
COMME DES TEIGNES.

Pansement

C'EST IMPORTANT DE LAISSER LES
CHOSES DE CÔTÉ, DE FAIRE LA DÉMARCHE
DE TOUT BALANCER, DE PRENDRE
CONSCIENCE QUE LES PHOTOS, LES
MOMENTS D'AVANT SONT À FOUTRE EN
L'AIR.

VOUS CONNAISSEZ FORCÉMENT DES GENS
QUI GARDENT TOUT DANS LES TIROIRS
JUSQU'AU MOMENT PRINTANIER DE
FAIRE LE GRAND MÉNAGE.

MACHINALEMENT, ILS OUVRENT ALORS
LES PLACARDS ET SANS PRÉVENIR, LES
SOUVENIRS DE LEUR AMOUR PASSÉ LEUR
SAUTENT À LA GORGE.

S'ILS NE CHIALENT PAS, S'ILS NE
TOMBENT PAS IMMÉDIATEMENT À TERRE,
C'EST QU'ILS ONT POUR LA PLUPART
D'ENTRE EUX REFAIT LEUR VIE OU QU'ILS
NE VEULENT PAS MONTRER COMBIEN ILS
EN CHIENT.

CERTAINS VEULENT OUBLIER, MAIS N'Y
ARRIVENT PAS COMME SI L'OUBLI ÉTAIT
INTERDIT.

Tu savais qu'il mentait.

Ses paroles affirmaient un truc et ses gestes avouaient le contraire.

Tu pouvais lire en lui comme dans un livre ouvert.

Lorsque tu lui demandais « Est-ce que tu m'aimes ? », il répondait uniquement « Oui » en hochant la tête en signe d'affirmation, mais en même temps, il se massait le cou ou le front comme s'il s'interrogeait.

Il bataillait intérieurement entre avouer ou cacher un crime.

Les hommes sont amnésiques : les couilles ne stockent pas de souvenirs

Tu tombes toujours sur
l'homme qu'il ne faut pas.

On dirait que chaque tentative pour
être heureuse tamponne un mur,
en collision frontale.

Les mecs de ta vie se ressemblent tous :
ils ont le ***portrait craché***
de l'accident de parcours.

Je vœu

QUE TU ME VEUILLES

Pansement

c'était bien fini entre vous.

tu lui avais demandé timidement si son amour
durait encore, s'il éprouvait toujours ce truc dans le
ventre.

vous vous étiez regardés et tu perçus immédiatement
dans sa manière étrange de baisser les yeux, qu'il
cachait quelque chose.

il bafouilla, puis porta ses lèvres aux tiennes pour
rompre le débat.

c'est à cet instant précis que tu sus que les papillons
dans le ventre étaient crevés.

C'est une bombe
dans la tête
d'apprendre que
l'autre allait voir
ailleurs. On se
rappelle les nuits
où on se prenait
dans les bras,
suant d'amour, en
se jurant loyauté.
On comprend
alors que l'autre
portait un
masque, qu'il
jouait au carnaval,
jonglant avec tes
sentiments,
faisant sauter ton
cœur d'une main à
l'autre dans un
mouvement pour
le faire tomber.

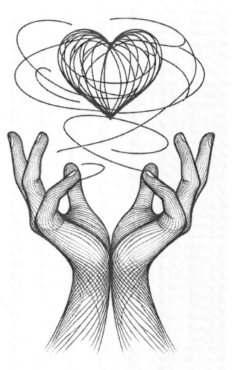

Toi qui rentres seule, qui ouvres le frigo et les draps sans partager un repas ou une baise dans le lit, toi qui lis ces mots qui racontent ta vie, y a forcément quelqu'un, quelque part, **dont le cœur se cache jusqu'à ce qu'il te voie.**

Longtemps tu as pensé qu'il t'avait changé,
que tu étais devenue, à ses côtés, la
meilleure version de moi-même, mais la
vérité c'est que tu as toujours été celle que
tu es, tu as toujours possédé ce qui semblait
absent chez toi. C'est juste que tu refusais
de voir ce que tout le monde observait déjà.

Tu as cru à son pouvoir de transformation
jusqu'à te rendre compte que tu avais une
valeur, avant lui.

C'est une souffrance de comprendre qu'il
n'a rien fait, rien dit pour que tu te devines.

Les hommes aiment **en deux temps**, d'abord un corps, un visage, un cul, des seins et puis, avec un peu de chance, pour que l'aventure continue, il faudra qu'ils aiment aussi **l'esprit qui gît sous le vernis**.

Tu es tombée en dépression
plusieurs fois à cause de lui et
chaque fois que tu t'es
relevée c'était pour le voir
revenir en fermant cette
blessure qu'il avait
sciemment ouverte derrière
lui. Tu entends tes amis
causer d'amour ordinaire et
dirent que c'est une emprise
que tu vis, que tu es sous
influence. Tu aurais dû être
forte et verrouiller la serrure,
ce sont leurs mots.

Mais ce qu'ils ne pigent pas,
c'est qu'il ne passe jamais par
la porte, il se faufile par tous
les endroits qui sont open
chez toi : le cœur, la tête, la
bouche, ton sexe, tout ce qui
n'est pas à vendre, mais qui
sont à lui.

Je suis heureux
seulement dans
mon imagination,
mais même
dedans, je suis
surpris d'y voir
tomber des miettes
de réalité.

Pansement

Tu te sens comme une petite chose sans importance,
un truc vulnérable lorsque tu frappes à sa porte et
quémande un geste d'amour sans condition, après qu'il
t'ait jeté.

La plupart du temps, il accepte et vous faites l'amour
très vite dans l'entrée, lui, les pantalons retroussés et
toi, la jupe relevée.

Il crie mais toujours sans mot d'amour.

Tu ignores si une histoire se construit dans un couloir.

À la fin, après avoir pris son pied, sans même une
parole, sans même un café, tu pars jusqu'à la
prochaine mendicité.

Si l'âge sur un visage
se comptait aux rides,
c'est le temps des
silences qui bousillait
l'amour.

Tu te demandes comment
t'as pu en arriver là, à
attendre et pleurer
quelqu'un, avec ce sentiment
d'être broyé.

Tu pries peut-être pour son
retour alors qu'il (ou elle)
s'en fout.

Je sais ce que tu ressens, je
connais ça de près d'avoir
la sensation d'un corps
poignardé qui offre un cœur
ouvert.

Le problème dans tes relations, dans ce foutoir, c'est qu'au début les hommes ne demandent ton prénom qu'après avoir connu

tout le reste

ELLE ÉTAIT ENTRÉE EN DÉPRESSION
COMME ON EMBOUTIT PAR ACCIDENT LE
CUL D'UNE BAGNOLE. CETTE
DÉPRESSION N'ÉTAIT PAS DE SON FAIT,
MAIS LA FAUTE DU MEC DE SA VIE QUI
AVAIT STOPPÉ NETTE LEUR RELATION
POUR UNE RAISON QUI LUI APPARTENAIT
ET QU'IL N'AVAIT PAS DAIGNÉ
EXPLIQUER OU TELLEMENT RAPIDEMENT
PAR TEXTO QUE ÇA RESTAIT ÉVASIF
DANS SON ESPRIT. C'ÉTAIT BIEN ÇA LE
PROBLÈME ; LE MANQUE
D'EXPLICATIONS QUI LAISSAIENT LIBRE
COURT À TOUTES LES FORMES
D'INTERPRÉTATIONS MÊMES LES PLUS
MAUVAISES.

Tu voudrais te donner corps
et âme, mais tu n'as plus
confiance. Tu as été trop
triste, trop pleine de vides.
Pour guérir il faudrait ouvrir
ton ventre pour y fourrer
quelque chose de bien et être

EMPAILLÉE D'AMOUR

Tu ne vas pas pleurer pour lui.

Au contraire, tu vas vivre,
rire, danser, rencontrer
quelqu'un, jouir avec lui, être
heureuse dans ses bras et je
suis certain qu'un jour, en
repensant une seconde à lui, tu
éclateras de rire de t'être
montrée si faible jusqu'à
étouffer ta lumière.

Bravo d'être parti ! Et tu sais quoi ? Tant mieux ! C'est la meilleure chose que t'aies jamais faite. Ton départ a été un cadeau, vraiment, révélant qu'il existe des mecs bien mieux quelque part. Bravo pour ta fuite en catimini, cela m'a épargné la nausée d'un dernier regard. Merci, car grâce à toi j'ai compris que la solitude vaut mille fois un amour bâclé venant d'un type dont la seule magie fut de s'enfuir.

Tu aimerais lui dire
que tu ne veux plus faire
l'amour dans votre lit dans
lequel, hier, tu as cru
l'entendre rêver de
quelqu'un d'autre, mais il
s'acharne à te prendre **là
où la routine vous nuit.**

Pansement

DES BOUGIES POUR VIEILLIR,

DES BOUGIES INCENDIAIRES,

DES BOUGIES PARFUMÉES,

AUTANT DE BOUGIES QUE TU

VEUX ÉCONOMISER ET DONT

TU BRÛLES D'ENVIE

D'ÉTEINDRE

LA MÈCHE ENFLAMMÉE.

L'AMOUR
EST UN
ATTOUCHEMENT
DU COEUR

—Est-ce que tu me
trouves toujours belle ?
—Encore plus belle
qu'avant
—Pourquoi ?
—Parce que je ne te
connaissais qu'en
apparence

Life goes on

Il y a toujours une personne qui nous manque. On y pense sans trop s'y attendre au gré d'une odeur, d'une image fugace ou d'un son. Alors qu'on pensait vivre bien sans elle ou sans lui, on regrette soudainement de ne plus la ou le voir, de ne plus lui parler, de ne même plus savoir si il ou elle est vivant ou en bonne santé. On aimerait revenir en arrière, des années auparavant, mais déjà la senteur, la vision et le murmure ont disparu et la vie continue.

Pansement

L'amour c'est pas un compte en banque,
ça se vide pas sans raison.

AIMER, CE N'EST PAS SEULEMENT DIRE « JE T'AIME », CAR CES MQTS, COMME UNE PETITE LUMIÈRE, NE SONT QUE LA PARTIE VISIBLE DE VOTRE FLAMBEAU

Ça consolerait
foutrement mes
journées si je rêvais
ailleurs que sur
l'oreiller.

Elle ÉTAIT BELLE

AVEC LA CICATRICE QUI HACHURAIT

ses lèvres

ON AURAIT DIT QU'ELLE S'ÉTAIT BLESSÉE

contre tous ceux

QUI AVAIENT OSÉ L'EMBRASSER

Ce qu'il y a de formidable dans un nouvel amour, c'est le passé qu'il remplace. Rien d'autre. Les gestes sont les mêmes, les m ots semblables. On cherche toujours, quoi qu'il arrive, une continuité avec une autre.

Ses doigts suivent tes veines le long de tes bras, bifurquent sur ta nuque si facile à mordre ou sucer, redescendent sur ta poitrine généreuse qui n'a jamais allaitée, puis contournent tes hanches qui encerclent un ventre qui voudrait à tout prix porter un enfant. Vos regards se croisent, tu rougis et il distingue très bien à ce moment précis **les yeux d'une possible mère derrière ceux d'une femme qui semblait épanouie.**

Le cerveau ne devrait plus être tant employé à penser, mais davantage à oublier.

Tu as une fausse idée de toi
pour t'être si peu exercé
à te regarder.

Dans la vie de couple,
on fait le deuil de ce que
l'on voulait être pour
devenir ce que le conjoint
augurait de nous.

Le monde tourne mal avec tous ses
bousillages, avec notre incomplète
finition de l'âme et du reste,
avec ce superficiel léger, les
fadaises et les vanités, avec ces
petits microcosmes, ces gratins
élégants et bien mis, avec la
pauvreté des gens et la partialité
des chances et des filons, ces
diamants qu'on lèche dans les
vitrines, ces épargnes soucieuses
qu'on bricole, ces rêves qu'on
s'évoque, **toutes ces modes au goût
du jour qui concoctent
méticuleusement l'impulsion du
manque.**

Pansement

J'ai vu des enfants jouer tout seul au bac
à sable et il m'a semblé percevoir, dans
leurs gestes drôles, des cris de solitude.

Pansement

le MARIAGE : ce *Divorce* en GESTATION

Et si...
Et si j'étais riche
Et si j'étais beau
Et si j'étais en bonne santé
Et si j'étais intelligent
Et si j'étais confiant
Et si j'étais moins regardant
**Et si j'étais moi-même
pour commencer**

Certains n'ont jamais dit « Je t'aime » ou ont menti par pudeur ou parce que le cœur n'y était pas. D'autres, au contraire, ont attendu ces mots-là qui n'ont jamais franchi le son d'une voix. Dans les deux cas, on a souffert soi-même ou on a fait souffrir **en se taisant ou en avouant n'importe quoi.**

MOURIR AU BOUT DU COMPTE C'EST PEU DE CHOSE. LE PIRE SERAIT DE NE PAS VIVRE AVANT L'ISSUE FATALE DE TOUT LE MONDE.

Nous avons mille visages et parmi tous ceux que nous montrons, ceux qui nous ont aimé n'en retiendront que deux : celui du sourire et le dernier, des larmes.

Les souvenirs ressemblent parfois à de lourdes pierres qui font barrage à ces eaux, à ce torrent de vies qui veut continuer.

Je ne veux pas aimer
pendant un mois,
pendant même des
années si c'est pour,
au bout du compte,
n'avoir qu'à pleurer
que sur ces
histoires passées

L'amour se propage par les *yeux* ce n'est qu'après qu'il contamine le *coeur*

$$\left(\begin{array}{c} \text{Dans les relations sentimentales} \\ \text{il y a des parenthèses à vivre mieux} \\ \text{que de très longues} \\ \text{histoires à raconter} \end{array} \right)$$

Qui sont ces gens que tu vois s'enlacer dans les rues, sur les pavés pendant que tu marches seule en portant au doigt une bague de mariage éraflée qui n'aura pas résisté au temps.

Parfois, l'on rencontre la mauvaise personne et bien que l'entourage nous alerte et qu'on sache parfaitement soi-même que le chemin sera truffé d'embûches, que cet homme ou cette femme n'est pas fait pour nous, on s'acharne à y croire parce que notre cœur n'écoute pas :

il bat.

NOS RÊVES NE DOIVENT PLUS ÊTRE LES PASSE-TEMPS DU SOMMEIL

OÙ ES-TU QUAND JE PLEURE ? J'AI BEAU T'APPELER,
TU NE VIENS QUE LORSQUE TOUT VA BIEN. QUAND
JE SUIS AU BORD DES LARMES, TU TROUVES
TOUJOURS DES EXCUSES POUR RETARDER TA
VENUE, COMME SI LA VIE DE COUPLE N'ÉTAIT À TES
YEUX QU'UNE PARTIE DE PLAISIRS, QU'IL FALLAIT
JUSTE VIVRE DE BONS MOMENTS À MES CÔTÉS. SI
TU ÉTAIS UN HOMME, SI TU M'AIMAIS, TU SERAIS
PRÉSENT POUR ME FAIRE L'AMOUR AUSSI BIEN QUE
POUR ESSUYER MES LARMES. IL FAUDRAIT QUE JE
TAISE MES SOUFFRANCES ET N'AFFICHE AU GRAND
JOUR QUE LES JOIES QUI TE FONT PLAISIR. J'EN
VIENS À TE MENTIR TU SAIS, À FAIRE SEMBLANT
D'ÊTRE BIEN SEULEMENT POUR TE VOIR. CE QUI EST
GRAVE, C'EST QUE TES DÉPARTS SONT DEVENUS LES
SEULS MOYENS, FINALEMENT, QUE J'AI TROUVÉ
POUR REDEVENIR MOI-MÊME, POUR ÊTRE CELLE
QUE JE SUIS, AVEC MES FAILLES ET MES CASSURES.
TU AIMES UNE IMAGE, UNE REPRÉSENTATION DE
LA FEMME QUE JE NE SUIS PAS. CELLE QUE TU
AIMES, N'EST PAS CELLE QUE J'OBSERVE DANS LE
MIROIR, QUI SE COUCHE SEULE, CERTAINS SOIRS,
DANS SON LIT ET QUI SE DEMANDE CE QU'IL FAUT
CHANGER POUR ÊTRE AIMÉE POUR CE QU'ELLE EST,
QUAND ELLE TREMBLE.

IL N'Y A PAS
D'HORIZON
IMPOSSIBLE
MAIS SEULEMENT
DES PETITS
PAS RATES

Sans lui, sans elle, tu avances. Tu avais beau croire, au début, que ce serait insurmontable, que son absence te priverait d'une partie de toi-même, que tu n'en survivrais pas, mais tu te relèves. Tous les jours que Dieu fait, tu remontes la pente. Bien sûr, il te reste des séquelles, des stigmates de cet amour bafoué, de ce jeu criminel. Tu as cependant compris les comportements qu'il fallait éviter et les personnes dont tu devais t'éloigner.

L'amour est périssable, il s'émiette dès l'enfance

« *Comme tu te sens ?* » Ah cette question !! Souvent, on s'aperçoit trop tard qu'on ne compte plus parce que l'autre s'éloigne, parce qu'il ne sourit plus, qu'il embrasse moins ou plus mal, qu'il fait moins l'amour, pour un tas d'indices encore, mais comprendre qu'on n'est plus aimé et entendre la question « *Comme tu te sens ?* », c'est un coup de poignard pour torturer ou achever, je n'en sais rien. C'est honnête et gentil, bien entendu, mais ça fait foutrement mal. Quand un truc est mort, pourquoi lui donner des coups de pompe pour le faire bouger ? Tu te sens comme un animal meurtri qui aurait reçu une balle dans le flanc avec un chasseur qui se serait approché en martelant le corps d'un coup de pied en disant, tout souriant « *Alors, ça fait mal ?* »

Il faut croire en soi jusqu'à ce que les faits attestent ce qu'on est.

Tu ne cesses de penser à lui. Il faut du temps
pour oublier quand toute ton existence, jadis,
tournait autour d'une autre vie. Tu ne veux pas
savoir ce qu'il devient, ni avec qui ton ex fonde
un autre avenir et de nouveaux espoirs. Ce n'est
pas que tu t'en fous, mais ça te rappelle trop ce
mauvais happy end. Il t'arrive (c'est tordu, je
le sais) de regarder vos photos. Tu y vois un
beau fiasco en même temps que de bons moments.
Faudrait que tu supprimes toutes ces images qui
te replongent dans ce foutu ratage parce
qu'aujourd'hui vous ne ressemblez plus à que vous
étiez en ce temps-là. Tout s'est effondré comme
l'insolence des débuts qui laissait croire que ça
durerait entre vous. Connerie. Bizarrement, tu as
besoin d'être triste, alors, tu écoutes des
chansons mélancoliques comme s'il fallait pleurer
pour avancer. ***Alors, laisse-toi chialer pour
refaire ta vie.***

On me dit, pour l'oublier, de supprimer nos photos, mais ces gens-là, bien intentionnés, savent-ils que les images ne se gravent pas seulement sur les clichés mais qu'elles soûlent la mémoire comme un putain de tord-boyau.

Tu applaudis son départ parce qu'il t'a permis de te rendre compte qu'un homme mieux existait quelque part. Tu applaudis son départ fait en silence car ça t'a évité de revoir sa foutue gueule une dernière fois en train de chercher une nouvelle excuse pour partir. Tu applaudis son départ parce que tu sais maintenant qu'*il vaut mieux être seule que mal aimée par un homme qui n'a de magique que ses disparitions*.

AU BOUT DE QUELQUES ANNÉES *les couples* **BAISENT DANS LE NOIR** *pour imaginer quelq'un d'autre sur* **L'OREILLER**

On aime pour mille raisons

ON QUITTE

pour une *seule*

et l'on revient parfois

pour la *mauvaise*

A toutes les mères qui enfantent, éduquent et nourrissent en donnant tout ce dont elles ont été peut-être privées, l'amour et les choses matérielles, je leur dis combien on vous aime et combien c'est impossible de vous rendre ce que vous offrez, tant votre dévotion est incalculable.

On NE PRÉFÈRE PAS

UNE FEMME PARMI D'AUTRES

Elle nous

DÉSIGNE EN NOUS FAISANT CROIRE

qu'on a le choix

Ce n'est pas un crime d'aimer la personne qui nous fait du mal, ce n'est pas un crime, non, mais une destruction de soi-même. On se démolit en attendant un signe de vie, le geste intime de son ennemi.

Elle avait le sentiment qu'elle n'aimerait plus comme avant, que ses mains qui s'étaient enlacées autour de lui ne serreraient *plus rien.*

C'EST DRÔLE COMME LES CHOSES AYANT TRAIT À L'AMOUR NOUS RENDENT PORNOGRAPHIQUE.

Et si un rêve brisé n'était qu'un sommeil qui s'achève.

Plaisir

Le seul moment où l'on guérit de ses désirs, c'est à l'instant de jouir quand toute l'envie s'est écoulée.

AUTOMNE

Je piétine les feuilles qui étalent leur mort sur le trottoir.

Au commencement, mon cœur ne tombe pas amoureux, il se soulève, ce n'est qu'après qu'il s'effondre.

tic tac tic tac

Au boulot comme dans la fin de vie, je suis l'esclave de l'heure qui me donnera l'ordre de partir.

Je me demande combien de temps j'ai été heureux, combien de temps a duré l'enivrante sensation de calme et de quiétude brève.

old day

Sur un visage on ne voit que les rides au premier regard, c'est seulement après qu'on comprend l'histoire qu'elles tenaient douloureusement gravées.

Ouvre les yeux
à ce que ton coeur voit

Je déteste l'idée
d'aimer pour ce
qu'elle projette
d'espoirs au lieu de
concrétisations.

Punition

Tu l'aimes encore. Tu ne sais pas retenir tes sentiments. Quand ils se déchaînent, tu l'appelles, tu lui envoies des textos aux prétextes futiles. Tu sais pourtant qu'il a refait sa vie, car tu peux facilement l'observer sur Instagram ou Facebook dans les bras de celle qu'il a choisie et qui a tout gâché. Tu devrais pourtant en vouloir à ton ex, mais tes reproches sont dirigés contre elle. Tu n'aimes pas le bonheur qu'ils ébruitent et qu'ils racontent à la vue de tous ceux et celles qui te connaissent et qui savent que **c'est une double peine d'être quittée et de voir, en même temps, le bonheur de l'autre, continuer**.

Pansement

Il se levait le matin avec dans le regard
cette attente qu'ont les gens qui se sentent
aimés sans savoir pour combien de temps.

Pansement

TU N'ES PAS MALHEUREUSE, ENFIN, TU CROIS
QUE TU N'ES PAS MALHEUREUSE. PARFOIS, TU
AS LE SENTIMENT DE L'ÊTRE ET LA MINUTE
D'APRÈS TU ES PRISE D'UN FOU RIRE
RETENTISSANT QUI FAIT PENSER À TES
PROCHES QUE TU ES BIEN SANS LUI, SANS
QUELQU'UN DANS TA VIE. PEUT-ÊTRE ONT-ILS
RAISON OU PEUT-ÊTRE TORT. EN FAIT, TU
ALTERNES DES MOMENTS DE FAILLITE ET DE
RICHESSE COMME QUELQU'UN QUI PERD ET
GAGNE À LA LOTERIE.

En fait, quand on est séparé, on croit que l'autre nous manque, mais c'est pas l'autre, souvent, qui nous manque. Ce qui nous manque, c'est l'idée de quelqu'un qui nous aime, qui prend soin de nous. Ce qu'il te proposait, quand vous étiez ensemble, cet amour par touche subtile, c'est d'avoir perdu ça, qui te manque. Sauf que ce mec n'était pas présent ou si peu que ça revenait au même. En fait, ce qui te manque, c'est ce qui t'as toujours manqué, même avec lui, c'est quelqu'un de présent, c'est l'idée d'un amour véritable.

Non mais, tu crois que c'est ça l'amour, de la souffrance, des sacrifices, des « tu pars » et des « tu reviens », tu crois vraiment que c'est ça ? Honnêtement ? Tu te voiles la face parce que si c'était réellement ce truc que t'inventes, y aurait un tas de gens qui y renoncerait alors qu'en fait on voit tout autour de nous des mecs et des nanas épanouis qui se marient, partent en vacances, baisent sans arrêt pendant que toi, tu pleures, tu t'acharnes à vivre un truc avec quelqu'un qui ne veut pas de toi, qui ne s'engage pas, qui donne des miettes comme il le ferait à des pigeons sur le trottoir. Non, mais tu crois que tu vaux pas mieux ? Tu penses qu'ailleurs y aurait pas quelqu'un de bien pour t'accepter tel que t'es ? Mais qu'est-ce que t'en sais ? T'en sais rien, t'en sais rien parce que t'as peur.
Mais combien de temps encore tu vas te laisser enfermer par ta peur ?

Dans ton appartement, il n'y a pas de berceau, pas de môme, pas d'ado, il n'y a pas de famille. Ton lit est parfois occupé par une personne qui partira plus tôt que prévu, sans rien demander, en frôlant ta vie.
Malgré tout, il faut trouver l'envie de continuer, en portant en toi le seul enfant que tu as connu et qui reste toujours en toi.

J'ai un faisceau de présomptions que mon mal de chien **pour me lever** vient de mon mal de chien **pour travailler**.

En vouloir à la tête entière
parce qu'il ne t'a pas aimé,
espérer qu'il souffre autant que
tu as morflé. Tous les matins,
se mordre la langue pour les
paroles que tu n'as pas
prononcé quand tu aurais pu
vider ton sac pour lui faire du
mal et en même temps pleurer
pour le bonheur que vous auriez
dû vivre et que vous avez foutu
en l'air, par bêtise. Ce sont les
deux faces de la rupture.

Je musèle mes désirs

comme un chien qui

veut lécher mais qui

ne donne ses coups

de langue que sur

des lanières de cuir.

LE POINT
CENTRAL
D'UNE VIE SE
SITUE AU
MOMENT,
PRÉCIS OÙ
L'ON EST CE
QU'ON
IGNORAIT
DEVENIR

Il y a des bonheurs sans suite qui mériteraient d'exister plus *longtemps*

CE QU'IL Y A DE FORMIDABLE DANS UN NOUVEL AMOUR, C'EST LE PASSÉ QU'IL REMPLACE.

Je voudrais qu'on m'aime, rien qu'une fois, qu'on
m'aime vraiment. J'ignore si ça m'arrivera. Dans le
passé, j'y ai cru, mais les événements se sont
précipités et celui qui me promettait mille et une
nuit dans ses bras, s'est envolé comme un pigeon qui
va picorer les miettes sur le banc d'à-côté. Alors
après ça, allez-y, répétez-moi « *Il faut se relever et pas
baisser les bras* », mais depuis quand l'amour c'est «
marche ou crève » ? Parce que moi, je veux un truc
simple : qu'il m'enlace, qu'il me protège, que mon
plaisir triomphe en même temps que le sien et que
tous les jours, il me donne et
me cause de la tendresse.

JE PREFERE DÉSIRER

qu'avoir tout de suite

le désir

contenant à lui seul

L'ATTRACTION
ET LE MANQUE

Tu te disais qu'il ne fallait pas le rappeler. Tous les soirs, tu as tenté de te convaincre que ça n'en valait plus la peine, après toutes ces merdes en commun. Il n'y avait rien à faire, rien à espérer de plus. Ce mec était là sans être là, ne pointant son nez que pour prendre son pied. Une fois assouvi, tu le voyais décamper pendant des jours, des semaines sans qu'il se soucie de ce que tu devenais. Les larmes aux yeux, tu te rendais compte qu'il fallait doucement *laisser les choses s'effondrer*

Quand il était près de toi, tu ne te rendais pas compte de ce qui te manquerait le plus sans lui. Ce n'est que trop tard qu'on comprend la place vide et morte que laisse quelqu'un qui a quitté notre vie.

La fin est proche. Je le vois dans nos yeux et nos silences le soir, au moment de dîner, puis de nous coucher l'un à côté de l'autre, en nous tournant le dos. Nous oublions alors comment nous ne pouvions, jadis, nous retenir de nous caresser en ponctuant chaque geste de mots d'amour qui transpiraient comme nos peaux.

Elle fait l'amour

les yeux clos
pour ne pas
regarder mon
corps qui
l'emplit.

J'aimerai que les rides battent en retraite.

J'ai encaissé les coups, mais regarde-moi maintenant, j'suis en mode phœnix. J'ai pris chaque galère, chaque claque du destin comme une leçon, pas comme une défaite. Je me suis relevée, pas en me soutenant sur tes épaules, puisque t'étais parti. Non, il m'a fallu être forte toute seule et montrer du courage et de la niaque. Avant, toute petite chose que j'étais, je survivais, mais maintenant, putain, je suis une autre femme avec mon histoire gravée dans chaque cicatrice qui me rappelle les souffrances dont j'ai morflé.

Tu te souviens de son premier
mensonge, comme une fissure dans
un mur qui aura détruit l'isolation,
qui laissa entrer, plus tôt que prévu,
l'air glacial dans votre appartement.

Au bout du compte,
tu habitais son igloo.

Le strabisme de ta femme (ou de ton mari) explique sa fixette sur toi.

Pansement

Je n'aime pas les
calendriers, ni les
anniversaires qui
affichent le temps
qui reste au
compteur.

Trahie mais jamais brisée. T'as eu beau faire de ton mieux pour me détruire, t'as échoué dans tout : t'as échoué à me rendre heureuse en croyant que me faire jouir serait un substitut. Mais on ne rend pas heureuse avec un manche, tu m'as seulement rendue fiévreuse, c'est tout. Et puis, tes manières d'aller voir ailleurs, on aurait dit le petit Dalton les doigts sur la gâchette prêt à dégainer son fusil. C'est fini.

On s'aimait comme des fous, mais en vrai, c'était un aller simple pour nulle part. Quel gâchis de faire un tel chemin ensemble pour revenir bêtement aux débuts, à notre d'état d'avant, celui des gens seuls. On dirait qu'on a rampé pendant des années **comme des serpents malades qui ondulaient à l'envers sur le sable**. J'ai envie de crier que j'avais tant d'amour à donner mais que n'a germé dans mon cœur qu'un sentiment désespérant.

Dans la vie, t'as le choix : ou tu joues, ou tu te fais jouer. Moi, j'ai choisi de reprendre les dés. J'ai connu les bas-fonds de la déprime, mais j'ai rebondi. J'suis passé de l'ombre à la lumière, en mode guerrière. Je suis plus une victime qui baisse l'échine, t'as compris ? Aujourd'hui, je me regarde droit dans le miroir sans baisser les yeux et ni toi ni personne pourra me faire revenir dans ta trajectoire pourrie.

Si vous avez aimé ce livre, postez un commentaire sur Amazon pour le faire vivre aux yeux et dans le cœur des autres. Merci infiniment à vous.